Karsten Paul, Michaela Weimer

Arbeitsheft zur Geschichte

Altertum

1. Auflage

Bestellnummer 60092

Bildungsverlag EINS

Inhaltsverzeichnis

Ein Land zwischen Meer und Wüste

Ägypten ist ein sehr trockenes Land. Im Norden stößt es an das Mittelmeer und im Inland zieht sich die Wüste bis in den Süden. Nur am Nil, dem längsten Fluss der Welt, gibt es fruchtbares Land.

1. Beschrifte die Karte rechts! Setze folgende Bezeichnungen ein:

Nil – Rotes Meer – Nildelta – Mittelmeer
Nimm den Atlas zuhilfe!

2. Male die Karte rechts farbig an: das Land braun, den Nil und die Meere blau.

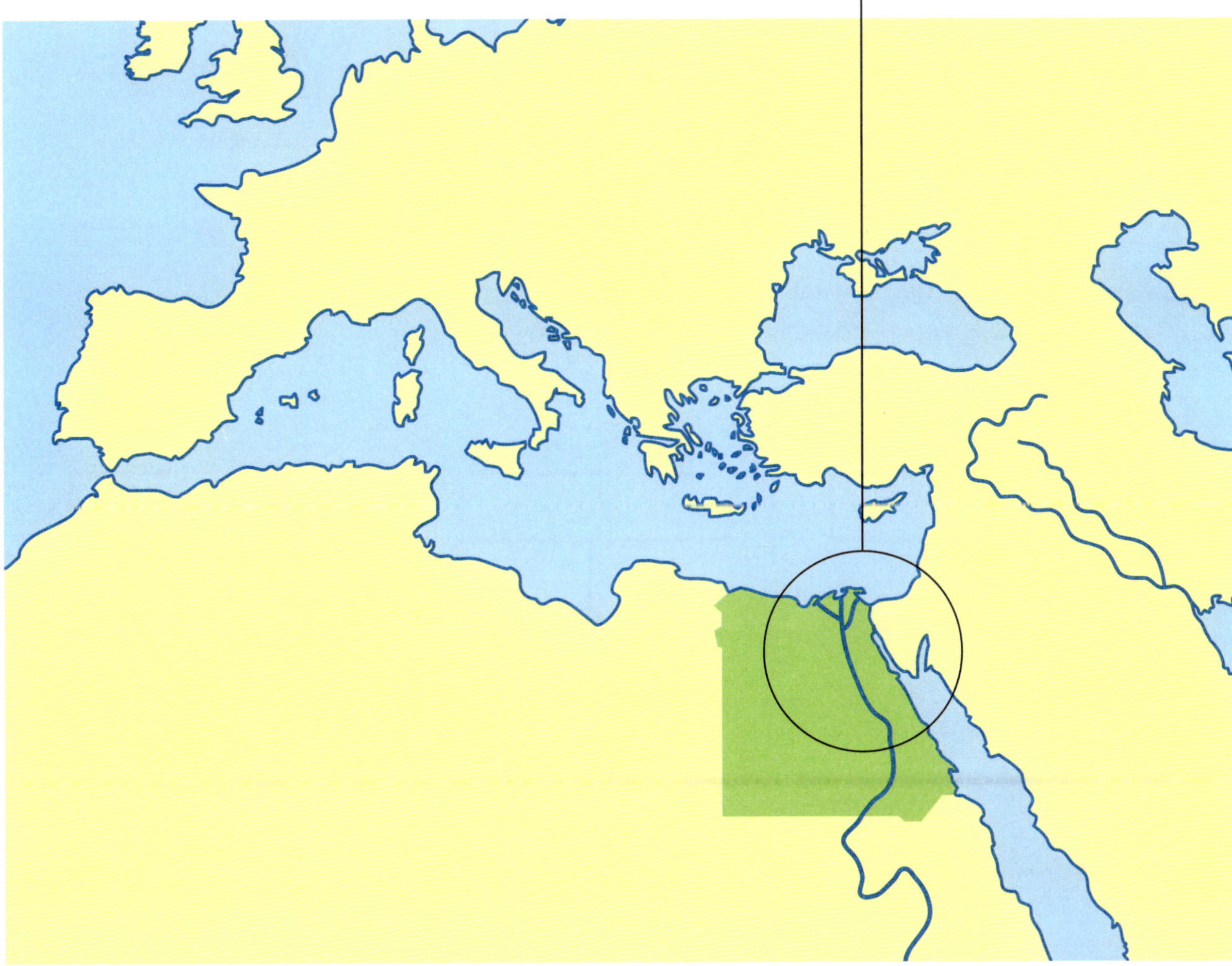

Der Nil – Lebensader für die Landwirtschaft

Im Alten Ägypten richtete sich das Leben nach dem Nil. Einmal im Jahr trat der Nil über seine Ufer und überflutete die Felder. So gelangte fruchtbarer Schlamm auf die Felder und düngte sie. Sank der Wasserstand, begannen die Bauern mit dem Ackerbau. Sie gruben Kanäle zwischen die Felder. Wenn der Nil über die Ufer trat, konnten die Bauern das Wasser aus den Kanälen benutzen, um die Felder zu bewässern. Bei Niedrigwasser wurde geerntet.

1. **Setze die folgenden Wörter an der richtigen Stelle auf** beiden **Zeichnungen ein:**
Dorf – Nil – bewässertes Feld – Bewässerungskanal – Wüste

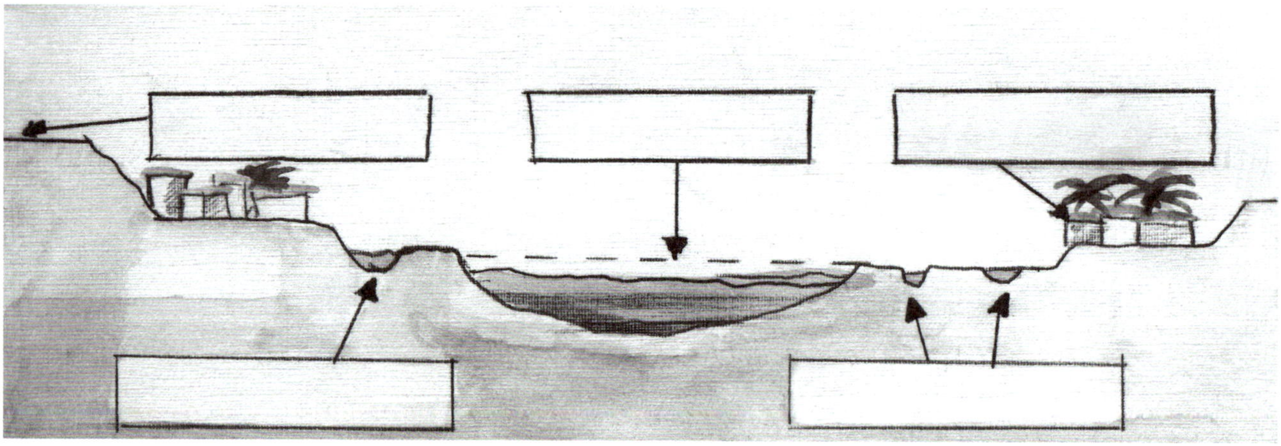

2. **Male die untere Zeichnung an. Verwende die Farben der oberen Zeichnung.**

3. **Warum war die Überschwemmung des Nils für die Ägypter lebensnotwendig?**

____

____

____

Der Nil als Transport- und Verkehrsweg

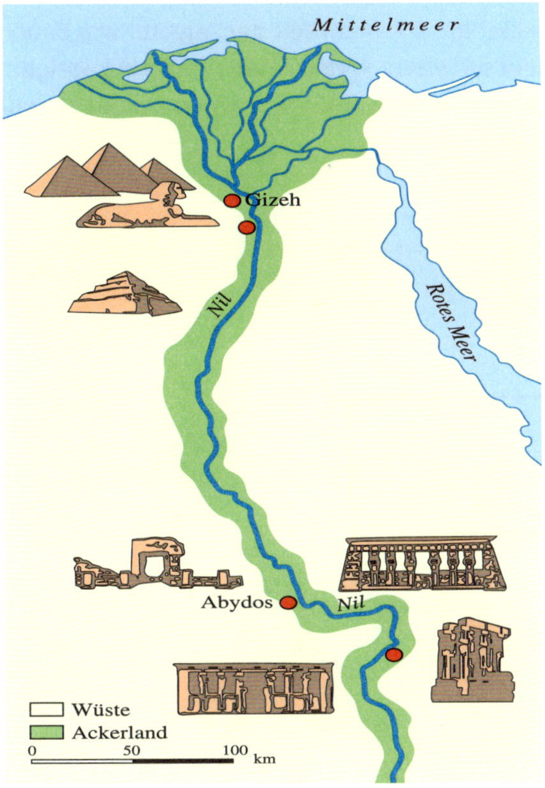

Der Nil war für den Handel im Alten Ägypten sehr wichtig: Der Fluss war der Hauptverkehrsweg des Landes. Er verband alle Städte miteinander und war der Weg zum Mittelmeer. Auf ihm wurden mit Schiffen viele Waren transportiert.

1. Nimm einen Atlas zuhilfe und zeichne die ägyptischen Städte Memphis und Theben in die Karte ein. (Tipp: Theben heißt heute Luxor!)

2. Schreibe die Buchstaben in die richtige Reihenfolge und du erfährst, welche Waren auf dem Nil transportiert wurden:

O Z L H   _ _ _ _

L S A G   _ _ _ _

D E L E S I E N T E   _ _ _ _ _ _ _ _ _ _

A R H Z   _ _ _ _

E S I T N B Ö E L C K   _ _ _ _ _ _ _ _ _ _ _

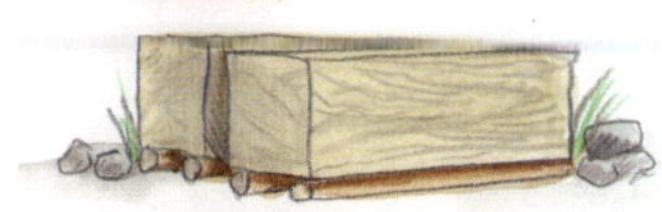

3. Überlege: Wofür brauchten die Ägypter diese Waren?

___

___

___

Die Gesellschaft des Alten Ägypten

Im Alten Ägypten herrschte der Pharao über das gesamte Volk. Er wurde wie ein Gott verehrt. Der Wesir und die Beamten halfen dem Pharao beim Regieren. Außerdem gab es Handwerker, Kaufleute, Bauern und Sklaven. Die Sklaven standen auf der untersten Stufe der Gesellschaft. Die Mehrheit der Ägypter war Bauer. Es war sehr schwierig, in der Gesellschaft aufzusteigen. Um dies zu erreichen, musste man lesen und schreiben können.

1. Was erzählen diese Ägypter?
Schneide die Sprechblasen im Anhang S. 55 unten aus und klebe sie zu dem passenden Ägypter!

2. Vervollständige die Wörter neben den Ägyptern.
So erfährst du, welchen Beruf sie hatten!

Der Pharao

Der Pharao wurde als Gott angesehen und verehrt. Er lebte in einem großen, kostbar geschmückten Palast.

Der Pharao regierte Ägypten, ließ prachtvolle Gebäude bauen und führte Kriege, um seine Macht zu vergrößern.

Man konnte den Pharao an seiner Krone und dem künstlichen Bart am Kinn erkennen. Zum Schutz vor bösen Mächten trug er auf seiner Stirn eine goldene Schlange. Außerdem hatte er zum Zeichen seiner Macht einen Krummstab und eine Geißel.

1. Was erfährst du über den Pharao? Unterstreiche die Informationen farbig!

2. In diesem Buchstabensalat sind die Zeichen der Macht des Pharao versteckt. Suche sie und markiere sie grün! Male den Buchstaben, der jeweils hinter den gefundenen Buchstaben steht, rot an.

H	U	K	I	W	L	A	N	B	C	H	E	O	K	P
A	B	A	R	T	S	E	G	T	K	F	D	L	R	L
F	D	W	S	K	L	U	Z	O	D	B	E	P	U	B
K	I	L	R	K	A	M	M	L	I	A	M	Z	M	V
R	N	U	G	E	I	S	S	E	L	E	F	G	M	S
O	S	T	W	L	O	K	W	A	H	C	H	O	S	J
N	U	A	R	D	F	V	B	N	I	K	M	L	T	E
E	Z	G	K	A	L	P	R	F	A	E	N	S	A	N
A	O	S	C	H	L	A	N	G	E	M	G	W	B	G
M	W	O	A	M	P	Z	I	S	D	R	E	U	S	D

3. Wenn du die roten Buchstaben in die richtige Reihenfolge bringst, ergibt sich der Name eines berühmten Pharao:

R _ _ _ _ _

Bau der Pyramiden

Pyramiden sind beeindruckende Bauwerke. Doch ihr Bau war mühsam. Es dauerte ungefähr 20 Jahre, um eine Pyramide fertigzustellen. Dazu wurden Millionen von Steinblöcken benötigt, die über den Nil aus weit entfernten Steinbrüchen angeliefert wurden. Etwa 30.000 Arbeiter halfen beim Pyramidenbau. Auf dem Bild kannst du erkennen, wie mühselig diese Arbeit war:

Wie transportierten die Ägypter die Steinblöcke von den Schiffen zur Baustelle? Bringe die Sätze in die richtige Reihenfolge und schreibe den Text auf!

Die Steinblöcke werden auf Rundhölzern vom Nil zur Baustelle gezogen.
Die Pyramide wird mit Kalksteinplatten verkleidet.
Die Blöcke werden übereinander gesetzt.
Die Steinblöcke werden auf Nilschiffen in die Nähe der Baustelle transportiert.
Im Steinbruch werden Steinblöcke abgebaut.
Über eine Rampe aus Nilschlamm werden die Steinblöcke nach oben gebracht.

Die Pyramide als Grab

Die Ägypter glaubten, dass sie nach ihrem Tod an einem schönen Ort im Jenseits sein würden. Dort müssten sie auf einer langen Reise viele Abenteuer bestehen. Erst nach dieser langen Reise würden sie den Gott Osiris treffen.
Damit den Toten im Jenseits nichts fehlte, gab man ihnen viele nützliche Dinge mit ins Grab.

Der Pharao hatte ein ganz besonderes Grab: die Pyramide. In der Pyramide gab es eine Grabkammer, in welcher der Pharao mit den Grabbeilagen bestattet wurde.

1. Was wurde dem Pharao mit ins Grab gegeben? Schreibe die Begriffe in Pfeilrichtung in die Felder!

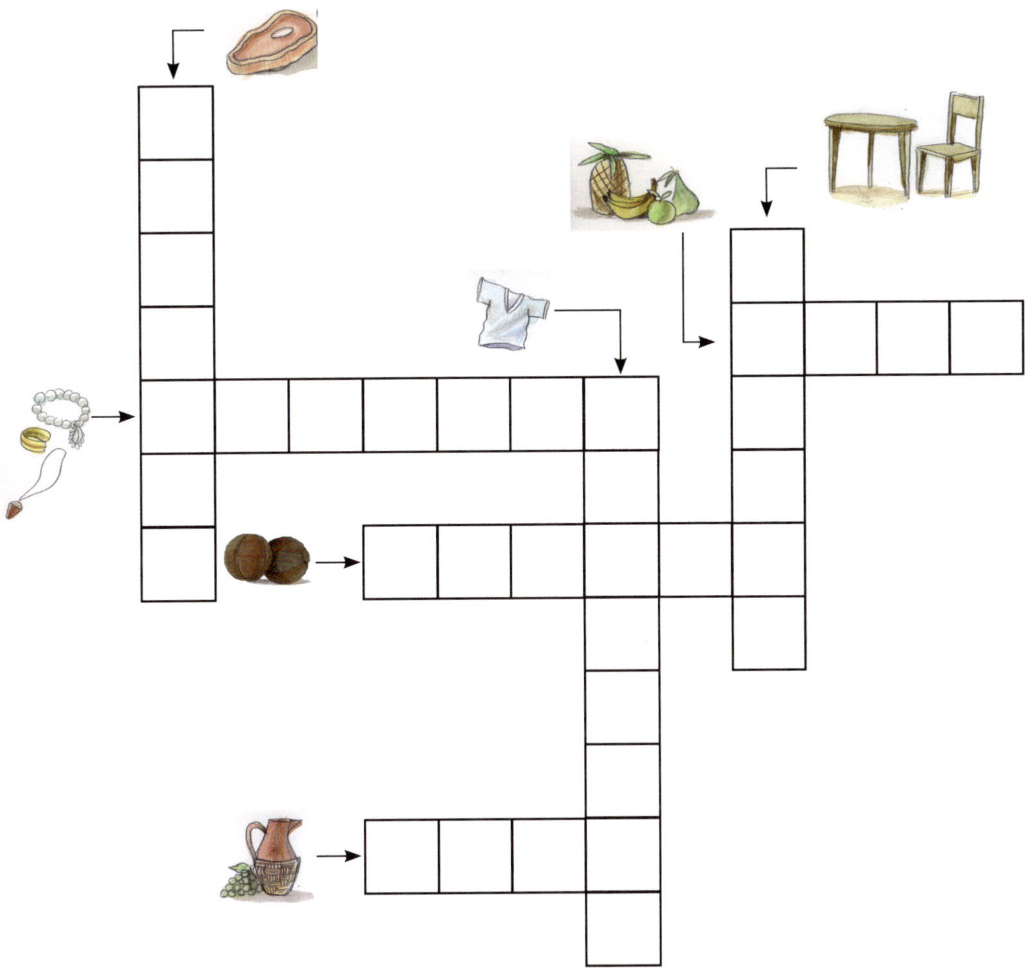

In jeder Pyramide gab es Wege, die ins Nichts führten. Außerdem wurde der Eingang der Pyramide versiegelt.

2. Überlege, warum die Ägypter diese Maßnahmen trafen:

____

____

____

Mumien

Für seine __________ nach dem Tod brauchte der Pharao seinen ____________. Deshalb wurden die verstorbenen Pharaonen mumifiziert.
Dafür wurden zuerst alle __________ entnommen und in Krüge gelegt, die mitbestattet wurden. Der Körper wurde ausgestopft, mit kostbaren _________ und __________ eingerieben und in Leinenbinden gewickelt.
Abschließend erhielt die Mumie eine wertvolle, mit Gold verzierte __________, die dem Pharao auf das Gesicht gelegt wurde.

1. Setze folgende Wörter in die Lücken ein:

Organe – Ölen – Maske – Körper – Harzen – Reise

2. Warum wurde der Körper des Pharao mumifiziert?

____

____

3. Forme aus Ton oder Modelliermasse eine Figur (ca.15 cm lang und 3 cm breit). Lass die Figur trocknen. Bestreiche sie mit Klebstoff und umwickle sie mit dünnen Stoffstreifen. Wenn du kannst, bemale ein Stück Pappe und lege sie der Figur auf das Gesicht. Fertig ist deine eigene Mumie!

Sarkophage

Nach der Mumifizierung wurde der Körper des Pharao in einen besonderen Sarg gelegt: den Sarkophag. Dieser war kunstvoll verziert.

Stelle einen Sarkophag her!

Dazu brauchst du:

- eine Vorlage zum Ausschneiden (im Anhang S. 49 und 51)
- eine Schere
- Klebstoff
- Buntstifte

So gehst du vor:

1. Schneide die beiden Vorlagen aus (Anhang S. 49 und 51).
2. Beginne mit dem Boden.
3. Knicke die beiden äußeren Streifen nach innen und klebe sie fest.
4. Falte die beiden Streifen nach innen und klebe die Zacken fest.
5. Klebe die beiden Laschen am Fußende fest.
6. Stelle den Deckel genauso her.
7. Setze den Deckel auf den Boden und bemale den Sarkophag.
8. Lege deine Mumie in den Sarkophag.

Herstellen von Papyrus

Die Alten Ägypter schrieben auf Steintafeln und Tonscherben. Sie hatten aber auch schon Papier, das sie aus Papyrus-Pflanzen herstellten. Diese wuchsen überall am Ufer des Nils.
Wie Papyrus hergestellt wurde, siehst du unten.

Welcher Text gehört zu welchem Bild?
Schneide die Textkärtchen im Anhang S. 53 unten aus und klebe sie hier auf!

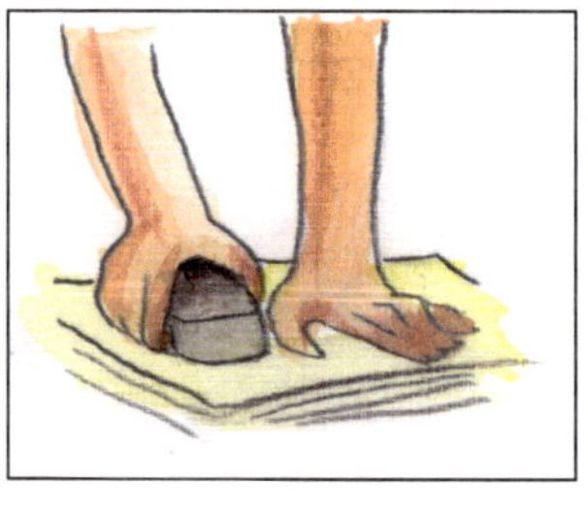

Die Schrift der Alten Ägypter

Ihr Alphabet:

A – Geier	B – Fuß	D oder T – Hand	E oder I – Schilfblatt	F – Viper	G – Verkaufsstand	H – Seil
J – Kobra	K – Hügel	L – Löwe	M – Eule	N – Wasser	O – Haarlocke	P – Hocker
R – Mund	S – gefaltetes Tuch	Sch – Teich	T – Brotlaib	W – Küken	Y – Schilfblätter	Z – Türriegel

1. Übersetze die folgenden Buchstaben und du findest heraus, wie die Ägypter ihre Schrift nannten:

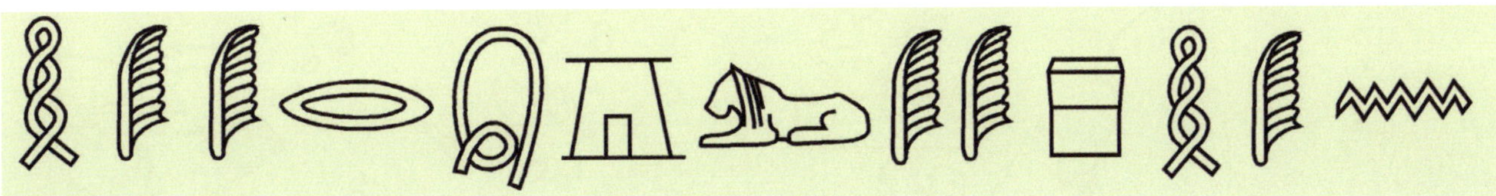

___ ___ ___ ___ ___ ___ ___ ___ ___ ___ ___ ___

2. Schreibe deinen Namen in ägyptischer Schrift:

Wo lebten die Griechen?

Hier siehst du, wo die Griechen um das Jahr 400 v. Chr. gewohnt haben:

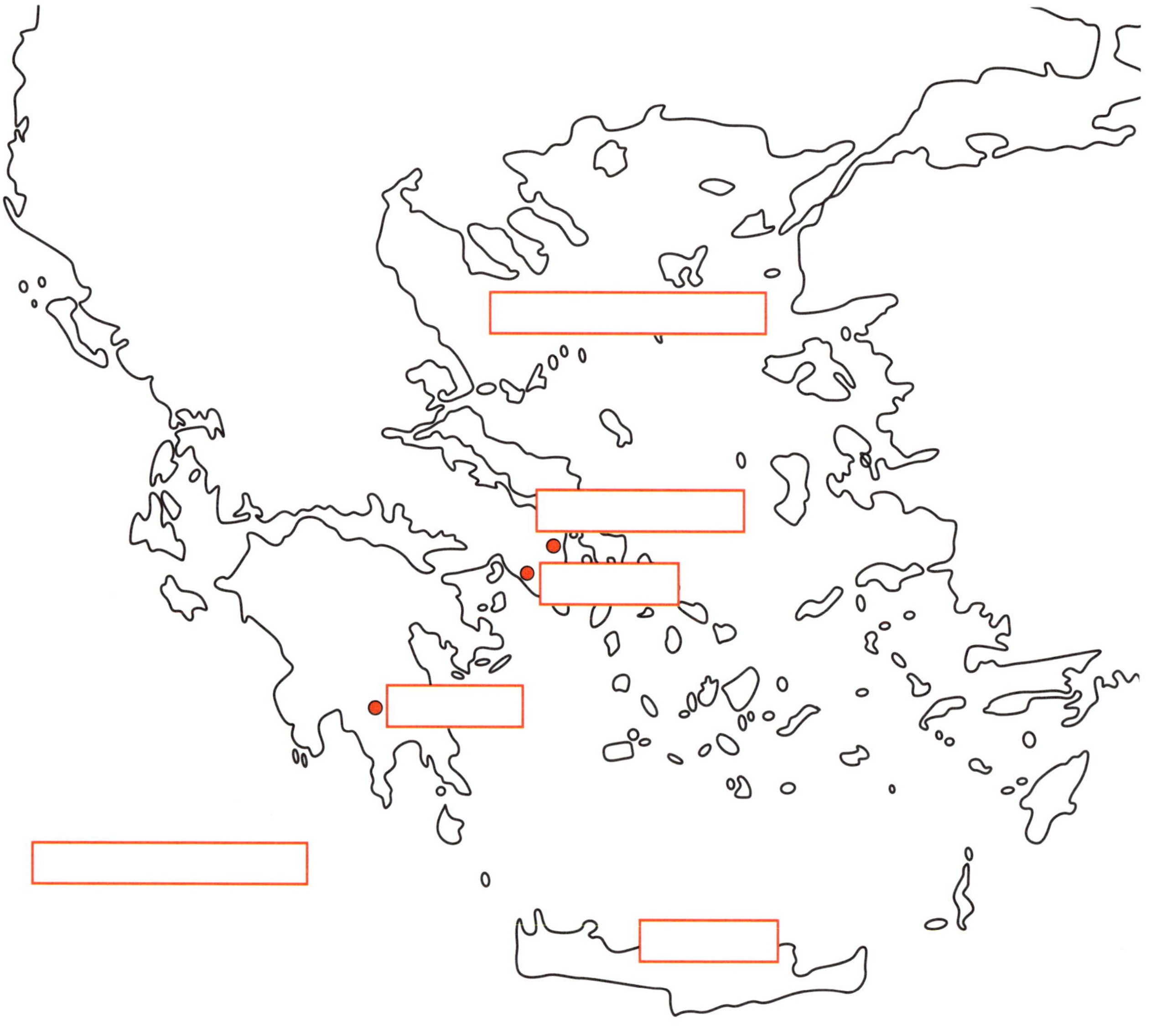

1. Setze ein:

Ägäisches Meer – Ionisches Meer – Insel Kreta

2. Beschrifte die Städte:

Athen – Sparta – Marathon

3. Male die Karte farbig aus.
Benutze blau für das Meer und grün für das Land.

Athen und seine Bewohner

Athen hatte damals etwa 300.000 Einwohner. Es gab verschiedene Bevölkerungsgruppen.
Die wichtigste Gruppe waren die 40.000 freien (männlichen) **Bürger**. Sie hatten viel Geld, sie hielten Sklaven und sie durften in der Politik mitbestimmen.
Zu ihnen gehörten etwa 130.000 **Frauen und Kinder**. Sie mussten dem Mann gehorchen und durften an keiner Volksversammlung teilnehmen.

Es gab auch noch 30.000 **auswärtige Einwohner**. Das waren Menschen, die griechisch sprachen und aus anderen Gegenden zugezogen waren. Sie durften in Athen leben und arbeiten. Politische Rechte hatten sie keine.
Darüber hinaus gab es die **Sklavinnen und Sklaven**. Es waren etwa 100.000. Sie mussten immer das tun, was ihre Herren befahlen. Sie hatten keinerlei Rechte.

1. **Wie hießen die einzelnen Gruppen? Schreibe die Begriffe unter das jeweilige Bild.**

2. **Wer hatte in Athen die meisten Rechte? Begründe deine Meinung!**

3. **Wer hatte die wenigsten Rechte? Begründe auch hier.**

Die Bürger bestimmen mit

In Athen bestimmte das Volk, was gemacht wurde. Das nannte man **Demokratie**. Die Mehrheit wurde in der Volksversammlung entschieden. Doch daran durften nur die freien Bürger teilnehmen. Das waren alle Männer über 20 Jahre. Ihre Eltern mussten aber in Athen geboren sein!

1. Wer war von den Volksversammlungen ausgeschlossen?

___

___

Bei einer Volksversammlung:

2. Was meinen die Bürger? Fülle die Denk- und Sprechblasen aus.

Hier findest du einige Hilfen:

... soll das Geld kommen? – ... nicht nötig! – ... den Hafen ausbauen. – ... Soldaten bezahlen. – ... Geldverschwendung! – ... eine gute Sache! – ... nehmen wir die Arbeiter?

3. Wer entschied, was gemacht wurde?

___

Sparta – ein griechischer Stadtstaat

Das antike Griechenland war kein einheitlicher Staat. Zu ihm gehörten viele selbstständige Stadtstaaten. Die größten waren **Athen** und **Sparta**.
Sparta beherrschte eine große Halbinsel im Süden Griechenlands: den **Peloponnes**. Die Spartaner waren ein sehr militärisches Volk.

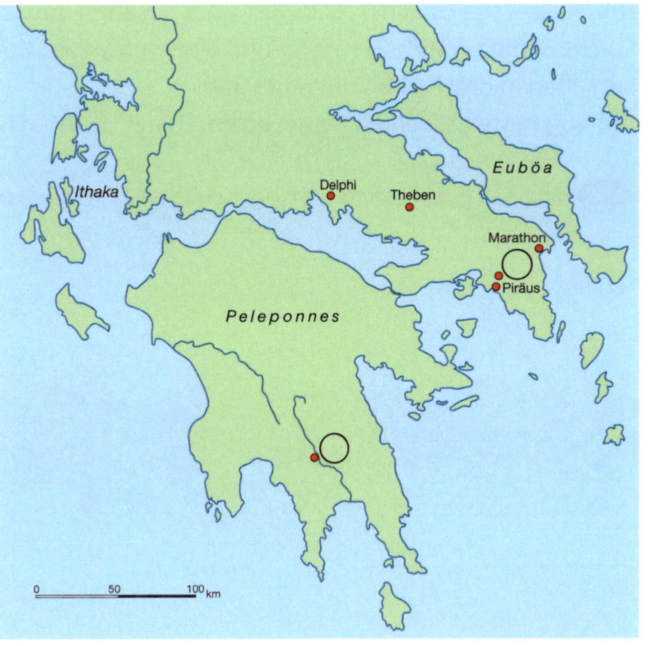

1. Trage in die Karte ein:

① für Athen und ② für Sparta.

2. Male das gesamte Herrschaftsgebiet von Sparta rot an.

Die Jungen wurden schon früh auf die Aufgabe des Soldaten vorbereitet. Mit sieben Jahren begann ihre Ausbildung. Dazu gehörte viel Training. Auch mussten sie auf dem harten Fußboden schlafen. Zu essen gab es nur sehr wenig. Mit 20 Jahren traten sie in die Armee ein. Dort blieben sie bis zum 60. Lebensjahr.

Die Mädchen wurden so erzogen, dass sie sich später als Frauen um den Haushalt kümmern konnten. Auch sie mussten viel Sport treiben.

Ein typisches Kriegsschiff

Durch die Lage Griechenlands am Meer besaßen die Griechen eine große Flotte von Kriegsschiffen.
Solche Schiffe waren 63 m lang und 6 m breit. Jedes Kriegsschiff hatte 170 Ruderer.
Sie saßen in drei Reihen übereinander.
Am Bug hatten sie einen Rammsporn. Damit konnten feindliche Schiffe durchbohrt werden.

1. Wie ein griechisches Kriegsschiff aussah, siehst du hier:

2. Setze folgende Wörter ein:

Rammsporn – Ruderer – Bug – Heck

3. Warum besaßen die Kriegsschiffe einen Rammsporn?

___

___

___

___

___

___

___

Die Perser – Nachbarn der Griechen

Östlich von Griechenland war ein riesiges Reich entstanden: das Reich der Perser.
Es reichte von Ägypten im Westen bis Indien im Osten.

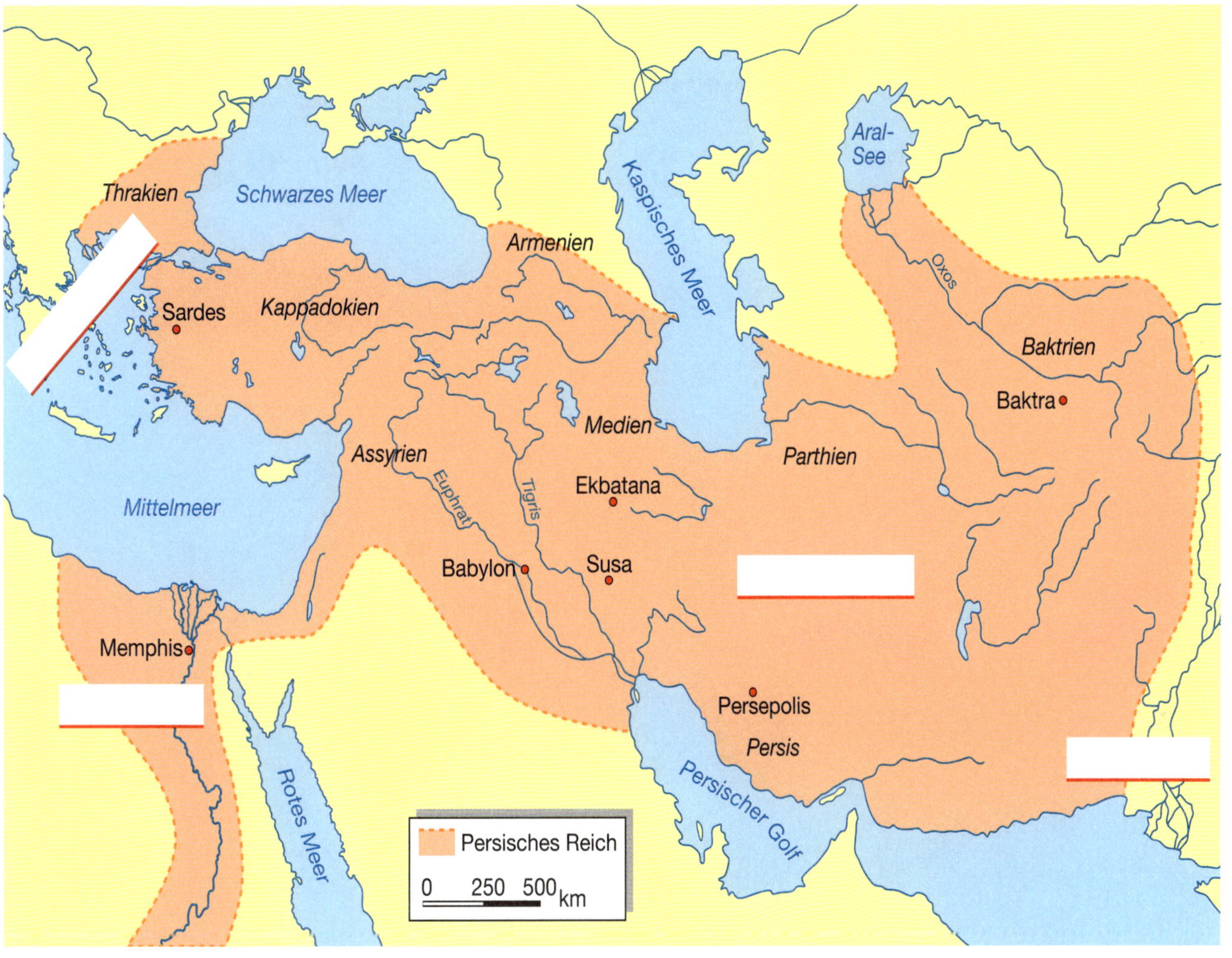

Beschrifte die Karte. Setze ein:

Ägypten – Indien – Perserreich – Griechenland

Perser gegen Griechen

Der König der Perser wollte sein Reich noch mehr vergrößern. Mit einem riesigen Heer von Soldaten überfiel er Athen.
Die Athener und ihre Verbündeten in Griechenland wehrten sich mit allen Kräften.
Bei dem Ort **Marathon** kam es zum entscheidenden Kampf. Die Griechen siegten.
Ein Läufer brachte die glückliche Nachricht vom Sieg über die Perser in das etwas mehr als 40 Kilometer entfernte Athen.

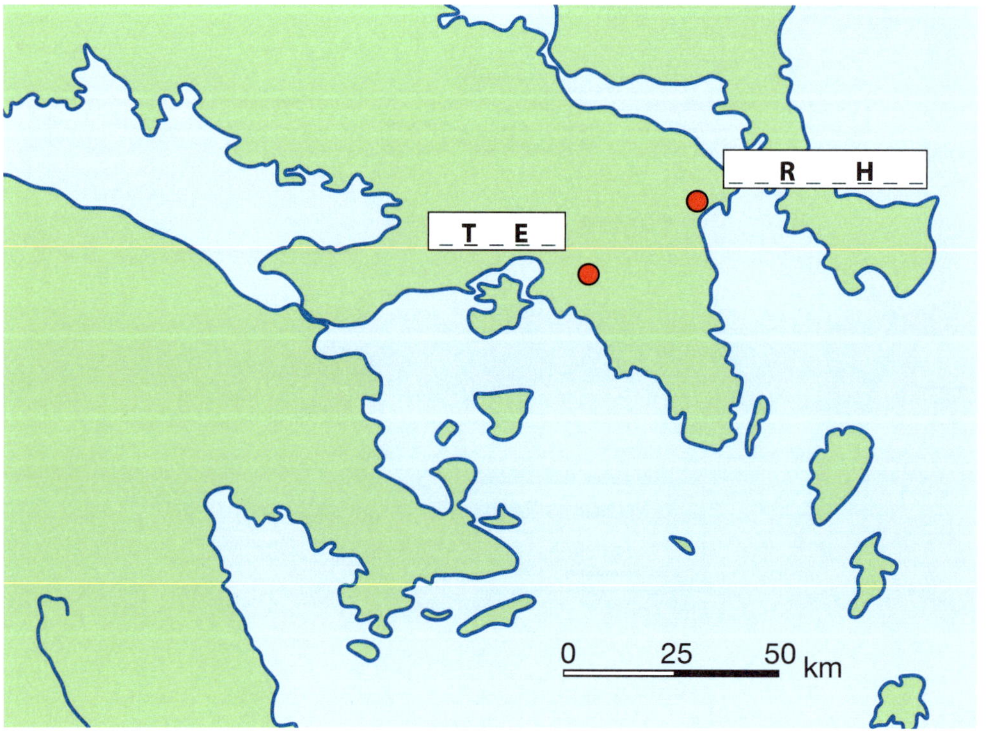

1. Vervollständige die Namen der Städte in der Karte:

Athen – Marathon

2. Zeichne die Strecke ein, die der Läufer zurückgelegt hat.

3. Zur Erinnerung an diesen Läufer wird noch heute der Marathonlauf bei den Olympischen Spielen durchgeführt. Wie viele Kilometer müssen die Läufer zurücklegen?

_____ **km**

4. Welche Nachricht überbrachte der Läufer damals in Athen?

____

Die Olympischen Spiele der Antike

Diese Spiele wurden alle vier Jahre zu Ehren der Götter durchgeführt.
Sie fanden in Olympia statt und dauerten fünf Tage. In dieser Zeit durfte kein Krieg geführt werden.
Die Wettkämpfer gelobten, im Wettkampf fair zu sein.

Folgende Sportarten gab es im Fünfkampf:

____

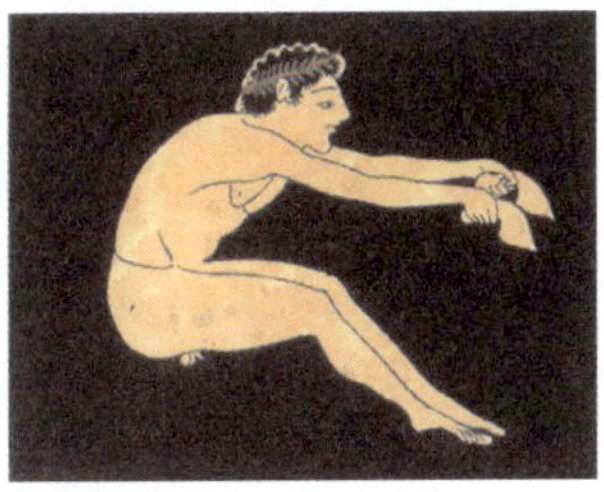
____

____

____

____

1. Setze die folgenden Buchstaben richtig zusammen.

aulefn – weersperfen – ginern – wungstreip – werkusfendis

2. Schreibe dein Ergebnis unter das entsprechende Bild.

3. Es gab noch andere Sportarten:
① Waffenlaufen mit Schild und Helm
② Wagenrennen
③ Reiten
④ Faustkampf
Welche Sportart gehört zu welchem Bild? Trage die richtigen Zahlen ein.

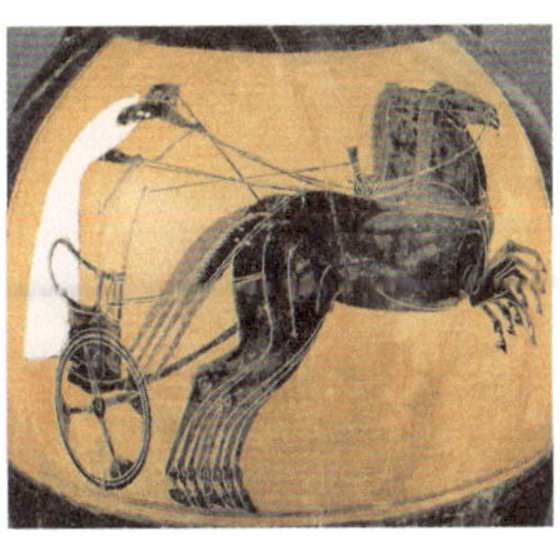
◯

◯

◯

◯

Der Sieger bekam einen **Lorbeerkranz**. Im Anhang auf Seite 48 wird dir gezeigt, wie du dir selbst einen Lorbeerkranz machen kannst!

Die Olympischen Spiele der Neuzeit

Im Jahre 1896 wurden die Olympischen Spiele wieder aufgenommen. Sie fanden in Athen statt.
Drei Symbole gehören zu den Olympischen Spielen:

Die Hymne

Das Olympische Feuer

Die Olympischen Ringe

1. **Male die Olympischen Ringe in den richtigen Farben an. (Tipp: die Ringe sind blau – schwarz – rot – gelb – grün.)**

Heute gibt es viel mehr Sportarten und Teilnehmer als damals in Griechenland. Deshalb dauern die Spiele auch vierzehn Tage.
Seit 1924 gibt es auch **Olympische Winterspiele**.

2. **Welche Sportarten sind hier aufgeführt?**

täreurneGent	= ______________________	_	laudenfürH	= ______________________	_
bahroBefn	= ______________________	_	schlaufnellsie	= ______________________	_
Fetench	= ______________________	_	spruchhong	= ______________________	_
urdeRn	= ______________________	_	Raslomliesen	= ______________________	_

3. **Welche Sportarten gehören zu den Sommerspielen, welche zu den Winterspielen? Schreibe ein S oder ein W hinter die einzelnen Sportarten.**

4. **Finde weitere Sportarten und ergänze die Liste.**

Ein riesiges Reich

Das römische Reich war das größte Reich, das es damals in Europa gab. Auf der Karte siehst du, wie es gewachsen ist. Die Römer beherrschten fast tausend Jahre lang den ganzen Mittelmeerraum. Sogar bis nach England sind sie gekommen!

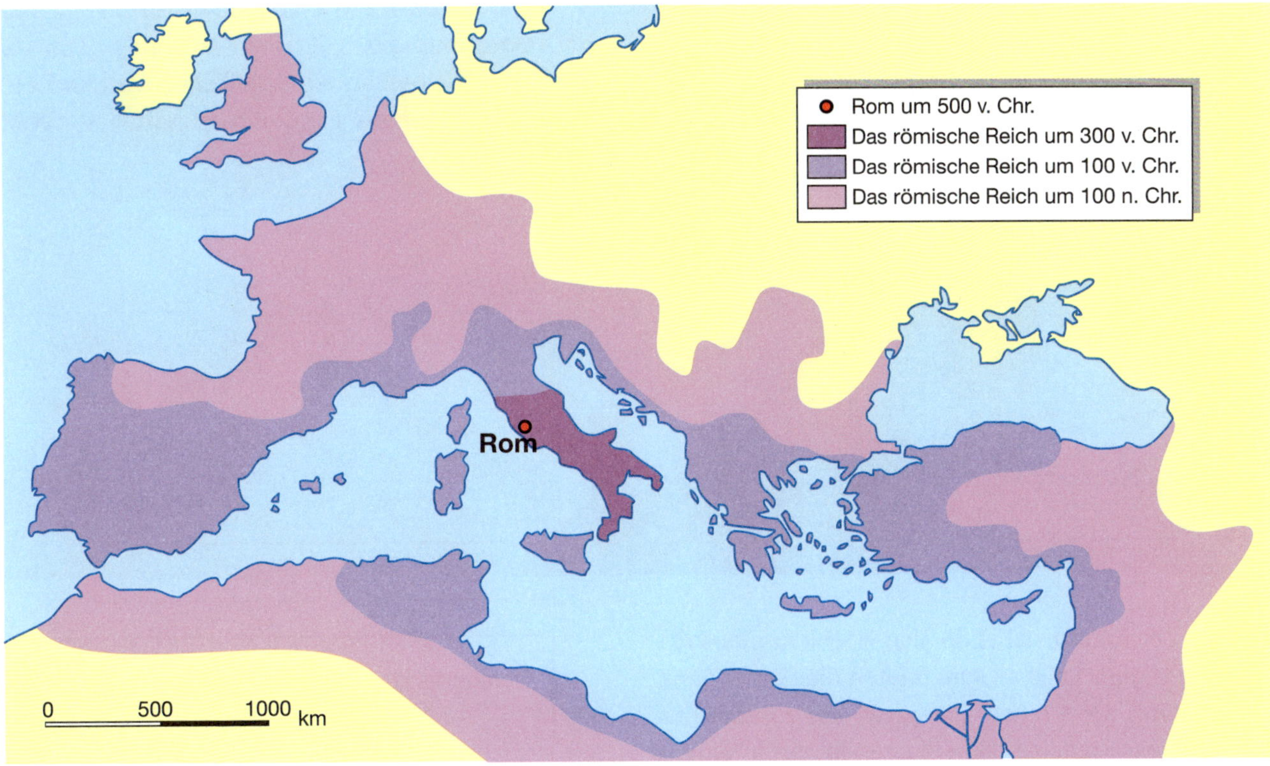

Julius Caesar

Ihre Regierung bestand erst aus Königen und später aus einem Senat. Zu dieser Zeit bestimmten die Senatoren. Danach regierten **Kaiser** das römische Reich. Der berühmteste von ihnen war **Julius Cäsar**.

Es gab viele einflussreiche Römer, die bis heute berühmt sind.
Dies sind einige von ihnen:

Nero (Resiak) = _ _ _ _ _ _
Cicero (Relletstfirhcs) = _ _ _ _ _ _ _ _ _ _ _ _ _ _
Sulla (Rotanes) = _ _ _ _ _ _ _
Tacitus (Rekirotsih) = _ _ _ _ _ _ _ _ _ _
Augustus (Resiak) = _ _ _ _ _ _

Wenn du die Wörter in Klammern richtig herum liest, erfährst du, was diese Männer des römischen Reiches von Beruf waren. Schreibe die Lösungen auf.

Ein römisches Lager

Auf der Zeichnung siehst du den Nachbau eines römischen Lagers. Solche Lager bauten die Römer ganz in der Nähe der Grenze. Sie waren ein zusätzlicher Schutz. Etwa 5.000 – 6.000 Soldaten lebten in einem solchen Lager.

Zeichenerklärung

1	Haupttor
2	Nebentore
3	Baracken der Soldaten
4	Wohnung des Kommandeurs
5	Waffen- und Ausrüstungskammer
6	Kommandantur
7	Getreidespeicher

Betrachte die Zeichnung genau.
Beschreibe das Lager. Achte dabei besonders auf die Lage der Gebäude, den Straßenverlauf und die Tore.

Gut gerüstete Soldaten

1. Beschreibe die Rüstung des römischen Soldaten. Setze ein:

Schild – Schwert – Wurfspeer – Sandalen – Helm – Brustpanzer – Gürtel – Tunika

2. Ergänze:

Der ______________________ bestand aus Metallplatten. Am ______________________ waren Lederstreifen mit Glöckchen befestigt. Unter den Sohlen der ______________________ waren Nägel.

Gang durch Rom

„So hat meine Stadt vor 2.000 Jahren ausgesehen“, sagt Flavio, ein Schüler aus Rom. „Ihr werdet sie auf einem Rundgang kennenlernen.“

①

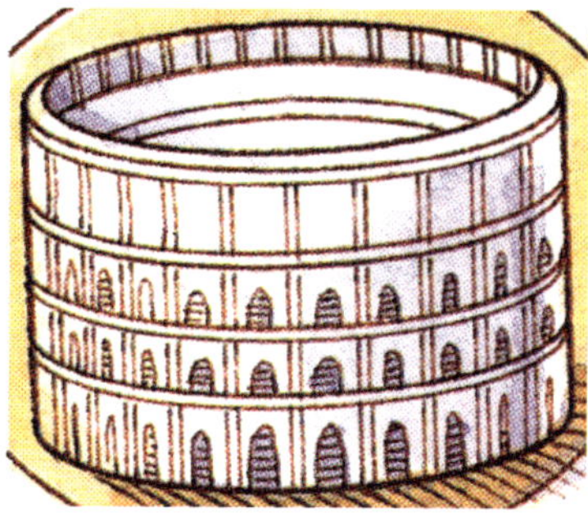
④

⑤

③

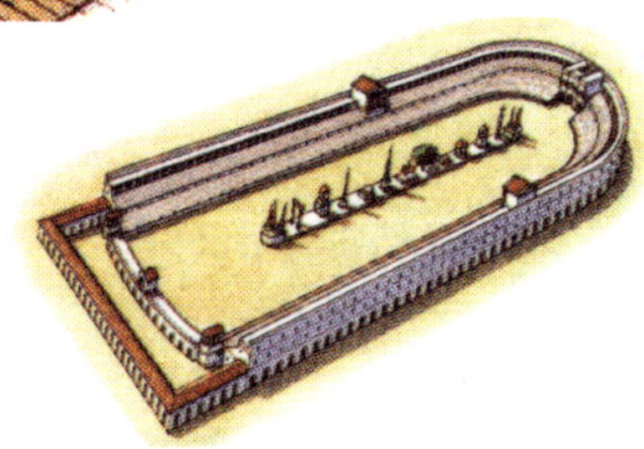
②

⑦

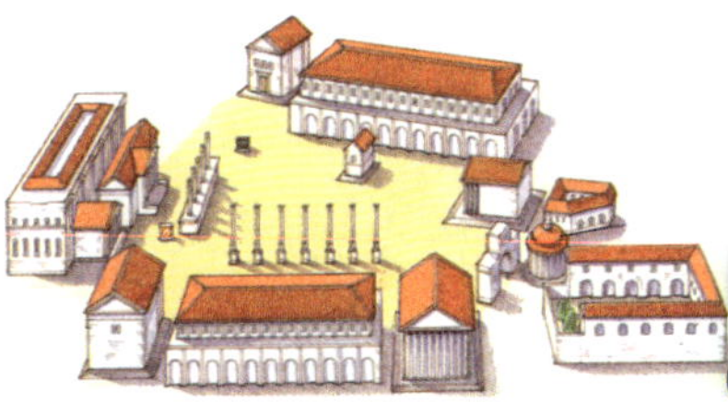
⑧

⑥

„Wir gehen los an der **Ämiliusbrücke** ① am Fluss Tiber. Von hier gehen wir zum größten Stadion der Stadt. Es ist der **„Circus Maximus“** ②. Nun biegen wir links ab und laufen unter den **Aquädukten** ③ hindurch bis zum **Kolosseum** ④, einer Arena für Kämpfe. Gehen wir rechts herum, sehen wir die **Schule für Gladiatoren** ⑤ und die **Thermen** ⑥. Das sind riesige Badeanlagen.
Von dort gehen wir auf der Via Sacra durch den **Titusbogen** ⑦ zu dem wichtigsten Versammlungsplatz der Stadt, dem **Forum Romanum** ⑧. Dann habt ihr die bekanntesten Bauwerke meiner Stadt kennenglernt!“

1. Schreibe den Namen des Flusses auf. ______________________________

2. Markiere die Strecke, die Flavio beschreibt, mit einem farbigen Stift auf der Karte der folgenden Seite.

3. Setze die entsprechenden Zahlen in die Kreise auf der Karte der folgenden Seite ein.

4. Schreibe hier noch einmal die Stationen mit ihren Namen auf:

① = ____________________ ⑤ = ____________________

② = ____________________ ⑥ = ____________________

③ = ____________________ ⑦ = ____________________

④ = ____________________ ⑧ = ____________________

Trajansthermen
Gladiatorenschule
Titus-Thermen
Kolosseum (Amphitheater des Flavian)
Tempel des Claudius
Nero-Aquädukt (eine Erweiterung des Claudius-Aquädukts)
Clivis Scauri
Via Appia
Via Triumphalis
Via Sacra
Tempel der Venus und Roma
Titusbogen
Haus der Vestalinnen
Nervaforum
Vespasian-Forum
Argiletum
Subura
Augustus-forum
Trajansmärkte
Trajansforum
Kaiserforen
Caesarforum
Curia
Basilica Aemilia
Forum Romanum
Nova Via
Palatin
Tiberius-Palast
Haus der Livia
Haus des Augustus
Circus Maximus
Tempel der Cybele
Augustus-bogen
Basilica Julia
Vicus Tuscus
Tempel der Venus Genetrix
Trajanstempel
Trajans-säule
Tempel des Saturn
Vicus Tuscus
Boarium Forum
Forum Holitorium
Theatrum Marcelli
Tempel des Apollo Medicus
Tempel des Asklepios
Pons Aemilius
Pons Fabricius
Hafen von Rom
Pons Probus
Reiseführer
in die
antike Welt
Unterwegs im
alten Ägypten, Rom
und Griechenland
Bassermann

Wagenrennen – ein beliebtes Spektakel

Heute findet im Circus Maximus ein Rennen statt.
Vier Gespanne stehen mit ihren Wagenlenkern am Start.
Sieben Runden müssen sie fahren.
Eine Runde ist etwa 600 Meter lang.
Von den Tribünen werden ihnen mehr als 100.000 Menschen zuschauen!

1. Kreuze die Aussagen korrekt an:

	Richtig oder Falsch?	
Das Stadion heißt auch Kolosseum.		
Mehr als zehn Gespanne treten an.		
Über 100.000 Zuschauer passen auf die Tribünen.		
Es werden zehn Runden gefahren.		
Die Reiter sitzen während des Rennens im Sattel.		

2. Führt selbst ein „Rennen" durch.

Je zwei von euch bilden ein Team. Ihr kennt das Spiel „Schubkarre", oder?
Einer fasst den Partner am Knöchel an, der andere läuft auf den Händen.

Geht dazu am besten in die Turnhalle. Baut eine Rundstrecke mit Start und Ziel auf.
Die Bahnen könnt ihr mit Bändern oder Seilen markieren.

Der Sieger wird mit einem Lorbeerkranz belohnt!
Wie ihr einen solchen Kranz herstellen könnt, seht ihr im Anhang auf Seite 48.

Tipp: Der Film „Ben Hur" ist berühmt für seine tollen Wagenrennen! Leiht ihn aus und schaut euch gemeinsam die Ausschnitte an. (USA 1959; Regie: William Wyler)

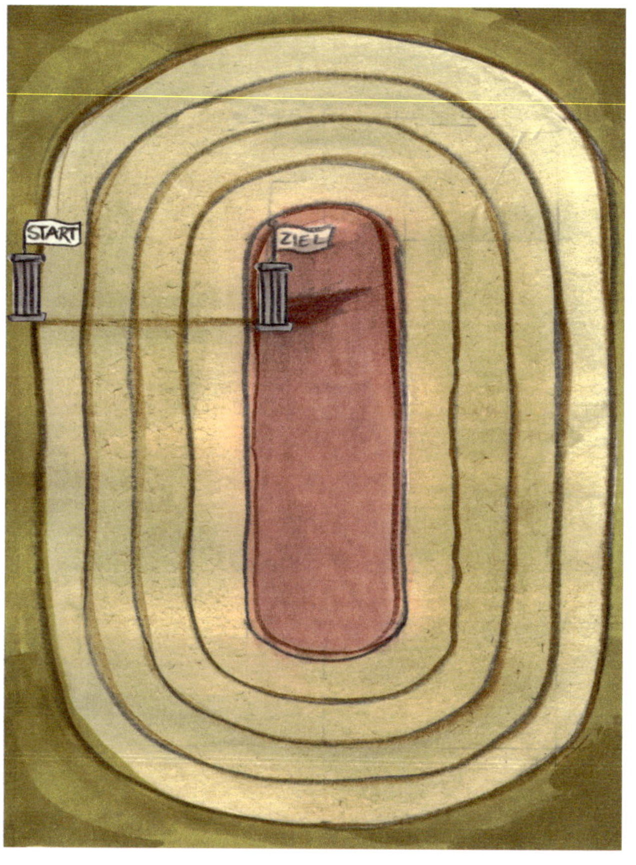

Besuch im Kolosseum

Hier fanden Kampfspiele statt.
Über 50.000 Menschen konnten zusehen. Es ist in drei Bereiche eingeteilt: ① Arena, ② Podium mit ③ Kaiserloge, ④ Zuschauerraum auf drei Etagen.

1. Trage die Zahlen in das Bild ein.

In der Arena ging es um Leben und Tod.
Die **Gladiatoren** kämpften entweder gegeneinander oder gegen wilde Tiere.
Als Waffen benutzten sie Schwerter, Dreizack oder Fangnetze.

2. Suche die Wörter Arena **und** Gladiatoren **im Lexikon auf S. 57. Schreibe ihre Bedeutung in Kurzform hier auf:**

Eine Arena ist ______________________________

____

Gladiatoren sind ______________________________

____

3. Betrachte die beiden Abbildungen: Wer kämpft gegen wen?
Setze die entsprechende Unterschrift unter das jeweilige Bild.

____

____

4. Mit welchen Waffen wird hier gekämpft?

Bild 1: ______________________________

____

Bild 2: ______________________________

____

Tipp: Der Film „Gladiator" zeigt eindrucksvoll, wie die Gladiatoren gekämpft haben. (USA 2000; Regie: Ridley Scott)

Wasserleitungen – eine tolle Erfindung!

Die Römer hatten sich besondere Bauwerke für den Transport von Wasser ausgedacht: Aquädukte. Das sind mehrstöckige Brücken mit einer großen Rinne. Sie wurden auf Rundbögen gebaut. An manchen Stellen waren sie 20–30 m hoch. Je näher sie der Stadt kamen, desto niedriger wurden sie.
Die Römer waren die Ersten, die auf diese Art Wasser transportierten, manchmal über weite Entfernungen.

Ein römisches Aquädukt

1. Setze in die Abbildung ein:

Wasserrinne – Rundbögen

2. Überlege: Warum wurden die Wasserleitungen zur Stadt hin immer niedriger?

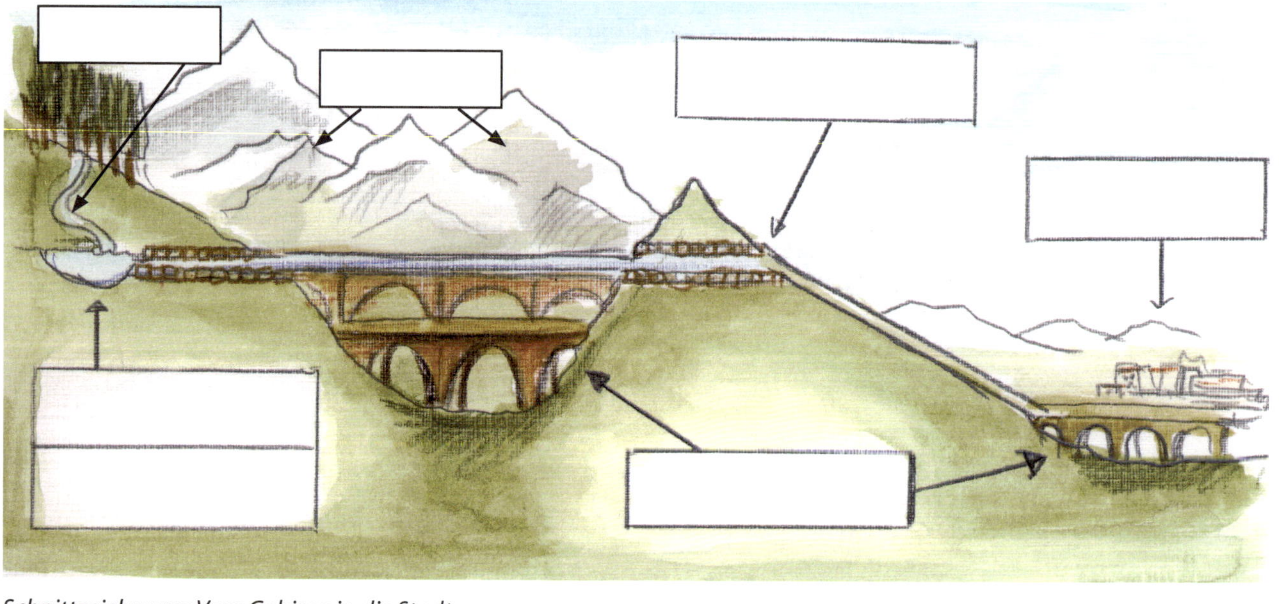
Schnittzeichnung: Vom Gebirge in die Stadt

3. Setze die folgenden Wörter in die Zeichnung ein:

Verteilerbecken – Stadt – Gebirge – Quelle – Aquädukt – Fluss – Tunnel

„Wellness“ auf römisch

Von großer Bedeutung für die Römer waren ihre Badeanlagen: die Thermen. Sie sorgten für Sauberkeit, für Fitness und Unterhaltung. In ihnen konnte man sich waschen, entspannen oder Geschäfte abschließen.
Zu einer solchen Therme gehörten ein großes Schwimmbecken, ein rundes Heißbad, ein Kaltbad, ein Warmluftraum, Umkleideräume, ein Gymnastikraum, ein Sportplatz, eine Bibliothek, Gartenanlagen und Verkaufsläden.

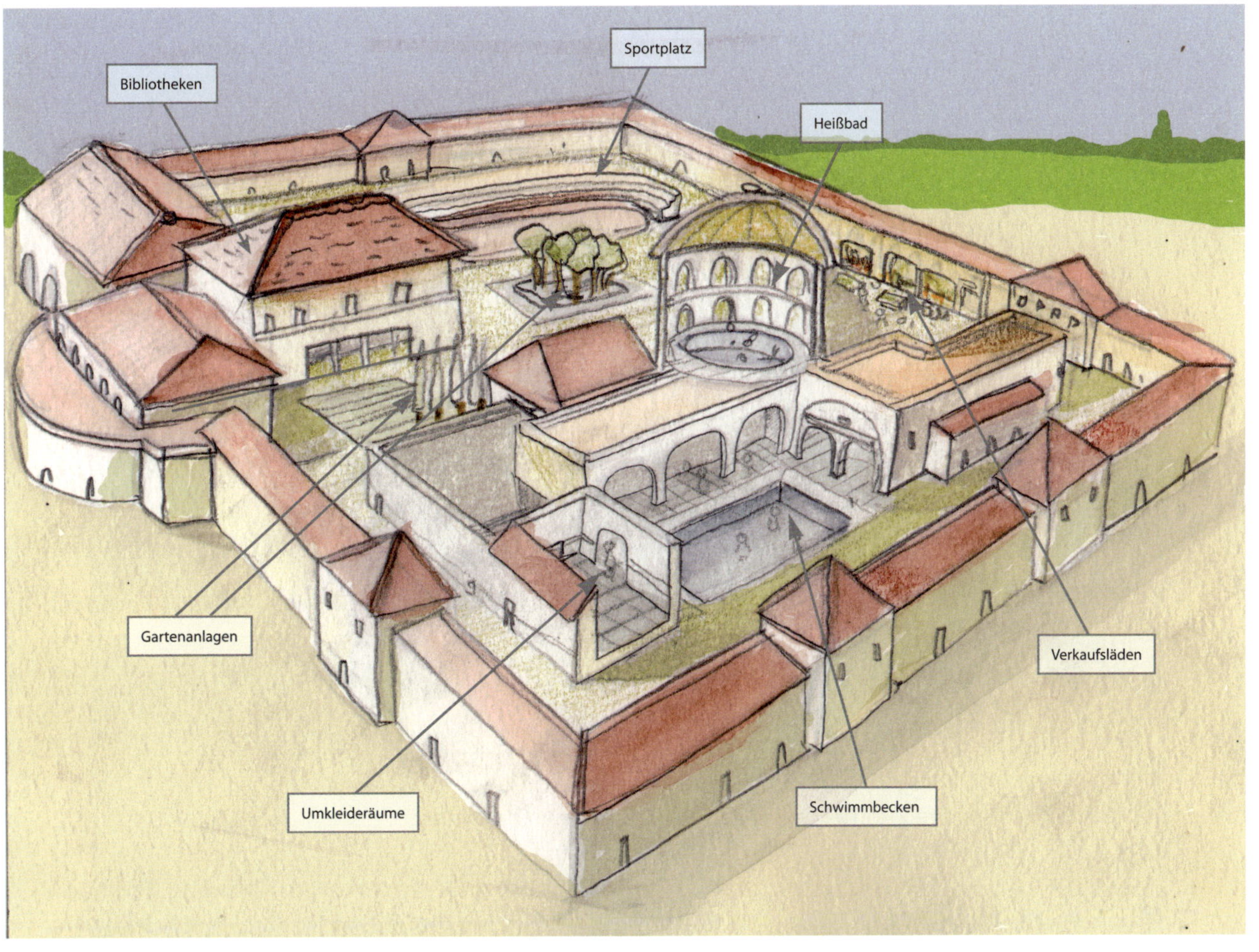

Badespaß total – Die Caracalla-Thermen in Rom

1. Suche das große Schwimmbecken und das runde Heißbad.

2. Suche den Sportplatz und die Gartenanlage.

3. Was könnte in den Läden verkauft worden sein?

4. Welche Bereiche der Badeanlage waren wichtig für ...

... Sauberkeit: ______________________________

... Fitness: ______________________________

... Unterhaltung: ______________________________

So wohnten die Reichen

In welcher Art Haus die reichen Römer lebten, musst du selbst herausfinden.

1. **Setze die einzelnen Bildteile aus dem Anhang Seite 53 oben zusammen. Klebe sie dann auf. Die Buchstaben verraten dir, wo die Römer lebten und wie man das Haus eines reichen Römers nannte!**

Lösung:

Ein Gang durch das Haus:

Läden an der Straße ① – Wohnräume ② – Hof mit Becken für Regenwasser (Atrium) ③ – Empfangsraum ④ – Innenhof mit Säulen und Garten (Patio) ⑤

2. **Setze die entsprechenden Ziffern in das Bild ein.**

So wohnte das Volk

Die meisten armen Menschen konnten sich ein solches Haus nicht leisten.
Sie wohnten in Mietshäusern. Diese sahen so aus:

Diese Mietshäuser hatten fünf bis sieben ______________________. Die Wohnungen waren eng, dunkel, __________ ______ __________. Die __________ waren sehr dünn. Zum Kochen oder __________ machten die Menschen ein offenes __________ an. Das führte oft zu einem __________. Es gab kein __________ im Haus. Es musste aus den __________ der Stadt geholt werden.

Setze die folgenden Wörter ein:

feucht und kalt – Heizen – Stockwerke – Wasser – Brand – Wände – Brunnen – Feuer

Römische Spiele

Spiele waren auch bei römischen Kindern sehr beliebt.
Sie spielten zum Beispiel mit Puppen, Steckenpferden, Bällen oder Verstecken.
Ein typisches Kinderspiel war das Nüsse-Kullern.

Nüsse-Kullern

Bei diesem Spiel erhält jeder Mitspieler 10 Nüsse. Nach der Reihe werden sie eine schiefe Ebene hinabgerollt. Wird dabei eine Nuss eines Mitspielers getroffen, so darf sie weggenommen werden. Wer als letzter noch Nüsse hat, gewinnt das Spiel.

Das Orca-Spiel

Bei diesem Spiel müssen von jedem Spieler 5 Nüsse aus 2 m Entfernung in ein Tongefäß geworfen werden. Für jeden Treffer gibt es einen Punkt.

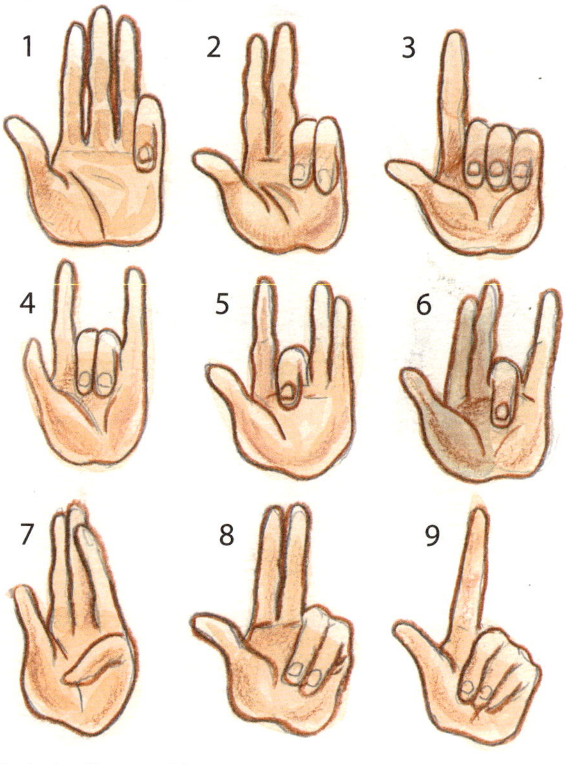

Römische Fingerzahlen

Fingerspiel
(ähnlich wie Schnick-Schnack)

Zwei Spieler stehen sich gegenüber. Eine Hand halten sie hinter dem Rücken versteckt. Auf das Kommando „3" zeigt jeder eine beliebige Fingerzahl, gleichzeitig ruft er, wie viele Finger insgesamt gezeigt werden. Wer die richtige Zahl erraten hat, bekommt einen Punkt. Bei 5 erreichten Punkten ist das Spiel beendet.

1. **Probiert diese Spiele auch einmal aus. Überlegt euch Spielregeln dazu.**

2. **Veranstaltet ein Spieleturnier!**

Römische Zahlen

Diese Uhr hat römische Zahlen. Du kannst sie ganz leicht lesen.
Vergleiche sie mit deiner Uhr.
Römische Zahlen nennt man auch **Ziffern**.

1. Schreibe nun die Ziffern auf:

Deine Uhr:	1	2	3	4	5	6	7	8	9	10	11	12
Römische Uhr:												

Die wichtigsten Ziffern sind: I V X

Die anderen Zahlen erhältst du durch Zusammenzählen oder Abziehen.

Bei allen Zahlen mit den Endziffern 1, 2, 3 und 6, 7, 8 musst du dazuzählen:

2. Schreibe das Ergebnis unter die 7!

7 = 5 + 2
☐ = V + II

Bei allen Zahlen mit den Endziffern 4 und 9 musst du abziehen.

Achtung: Die Minuszahlen stehen dann aber links!

4 = 5 – 1
= IV

3. Wie heißt die Zahl 20?

☐ 20 ist gleich 2 mal die 10!

4. Wie heißen die römischen Zahlen zu: **13 =** ☐ **16 =** ☐ **19 =** ☐ **?**

Hier siehst du weitere römische Zahlen: L = 50 C = 100 D = 500 M = 1000

5. Schreibe nun folgende Ziffern:

20	40	80	120	230
____	____	____	____	____

Der Limes – Grenzwall gegen die Germanen

Zwischen dem römischen Reich und Germanien waren die Flüsse Rhein und Donau eine natürliche Grenze. Dazwischen bauten die Römer einen fast 500 km langen Grenzwall: den Limes.
Nördlich vom Main bestand die Grenze aus Holztürmen, Palisadenzäunen und Erdwällen, im Süden dagegen bauten römische Soldaten Steintürme und Steinmauern.

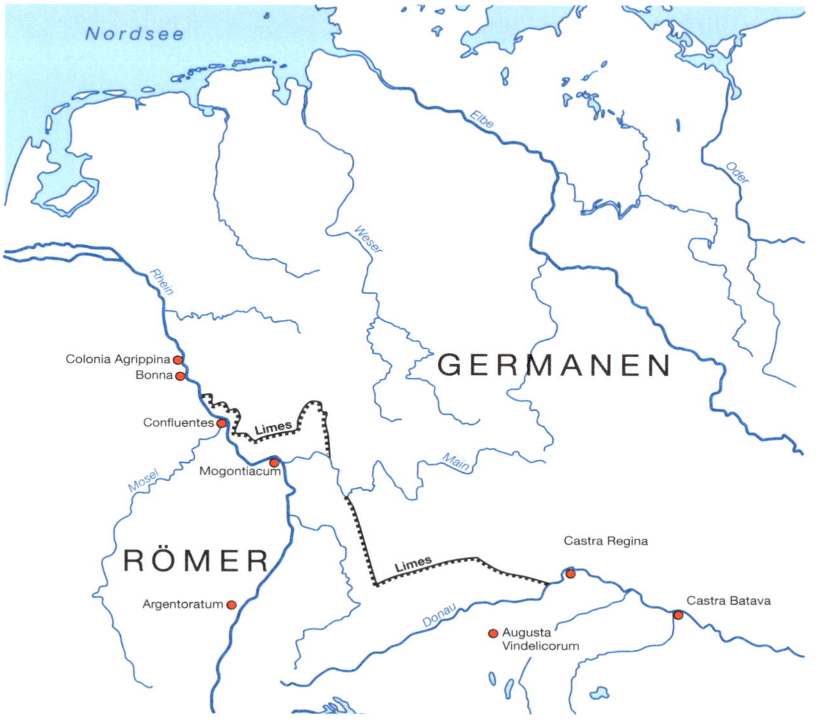

So sah ein Grenzwall aus:

Beschrifte die Zeichnung. Setze ein:

Römischer Grenzsoldat – Erdwall – Palisadenzaun – Wachturm – Graben

Spuren ihrer Sprache

Die Römer haben nicht etwa „Römisch“, sondern **Latein** miteinander gesprochen. Das wissen wir deshalb, weil sie viele Bücher und Berichte geschrieben haben, die man auch heute noch lesen kann.
Es gibt viele Wörter in unserer Sprache, die auf die Römer hinweisen.
In dem Bild siehst du einige Beispiele:

1. **Welches Wort passt wohin? Schreibe es dazu:**

FENSTER – SACK – MAUER – PFLASTER – STRASSE – VILLA – WEIN – RATTE – KARREN – PFORTE

2. **Auch einige Namen von Flüssen stammen aus der Zeit der Römer. Welche sind es? Schreibe sie hinter ihren lateinischen Namen:**

Rhenus = ________________ Danubius = ________________ Mosella = ________________

Moenus = ________________ Albis = ________________

Tauschhandel mit den Germanen

Römer und Germanen tauschten viele Güter miteinander aus.
Die Germanen kannten keine Glaswaren, glasierte Tongefäße, Silberbecher, Wein oder feine Stoffe.
Das alles lernten sie bei den Römern kennen.
Bei den Römern waren Honig, Felle, Bernstein oder Gänsefedern unbekannt. Sie tauschten auch germanisches Frauenhaar. Daraus fertigten sie Perücken.

Welche Waren tauschten die Menschen?

Fülle die folgende Tabelle aus:

Die Römer hatten:	Die Germanen hatten:

Siedlungsgebiete der Germanen

Die Germanen waren kein einheitliches Volk mit einem Kaiser an der Spitze.
Sie lebten in einzelnen **Volksstämmen**. Jeder Stamm hatte einen Fürsten.
Die Karte oben zeigt dir, wo um Christi Geburt germanische Volksstämme siedelten.

1. Suche auf der Karte, welche Stämme in deiner Gegend lebten.

2. Schreibe die Namen der Stämme auf:

___

___

___

Ein Dorf der Germanen

Die Germanen lebten in kleinen Gemeinschaften zusammen. Ihre Gehöfte lagen unregelmäßig verstreut. Dazu gehörten das Langhaus – hier lebten Mensch und Tier unter einem Dach – die Speicher und andere Nutzgebäude. Die Gehöfte waren oft von einem Holzzaun umgeben.

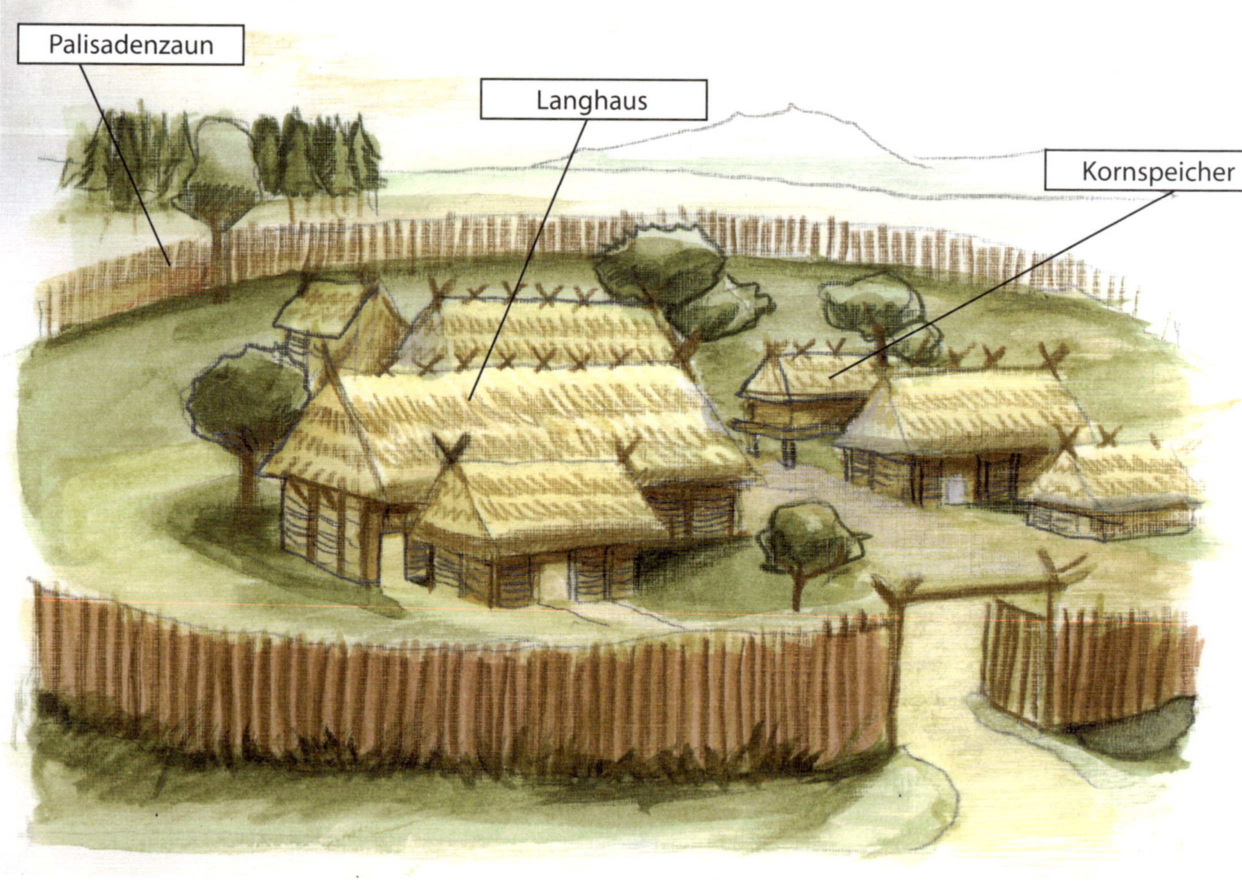

1. Ähnliche Gebäude wie auf diesem Plan findest du im Anhang auf Seite 55.

- Schneide sie aus.
- Klebe sie auf einen Karton auf.

2. Wozu diente der Holzzaun um die Gehöfte? Was denkst du?

____

Alles unter einem Dach

Im Langhaus der Germanen lebten Menschen und Tiere zusammen. Beide waren nur durch eine Wand voneinander getrennt.
Das Dach aus Reet wurde von hölzernen Pfosten getragen. Im Dach befand sich eine Öffnung, damit der Rauch von der Feuerstelle abziehen konnte.
Die Außenwände bestanden aus Flechtwerk, welches mit Lehm beschmiert war.

1. **Beschrifte das Haus und setze ein:**

Reetdach – Holzpfosten – Dachöffnung – Feuerstelle – Lehmwand

Germanische Krieger

1. **Beschreibe den germanischen Krieger in seiner Kampfkleidung.**

____

____

____

2. **Setze ein:**

Speer – Langschwert – Rundschild

3. **Ergänze den Lückentext mit folgenden Wörtern:**

Oberkörper – Eisen – Krieger – Holz

Der germanische ____________ kämpfte oft mit freiem ______________.

Der Rundschild war aus __________ und mit __________ beschlagen.

Eine rätselhafte Botschaft

Die Germanen hatten eine eigene Schrift. Sie bestand aus einzelnen Buchstaben, den **Runen**.

Eines Tages kam eine Botschaft ins Dorf. Sie war auf eine Baumrinde geritzt.

Als sie bekannt gegeben wurde, herrschte große Aufregung.

1. Finde heraus warum diese Aufregung entstand, indem du die Botschaft entzifferst.

Um die Botschaft zu entziffern, musst du die Buchstaben der Germanen kennen.

ᚨ	ᛒ	ᛞ	ᛖ	ᛇ	ᚠ	ᚷ	ᚺ	ᛁ	ᛃ	ᚲ	ᛚ
a		d	e	è		g			j	k	l
ᛗ	ᚾ	ᛟ	ᛈ	ᚱ	ᛊ	ᛏ	ᚢ	ᚹ	ᚦ	ᛜ	ᛉ
	n		p				u	w	th	ng	z

Einige Buchstaben sind schon vorgegeben.

- Finde nun die fehlenden Buchstaben selbst. Es wird dir ganz leicht fallen.
- Jetzt kannst du die rätselhafte Botschaft entziffern.

Schreibe die Lösung hier auf:

2. Schreibe diese Wörter in Runenschrift:

Germane: ____________________ **Langhaus:** ____________________

Weben wie die Germanen

1. Fertige dir zuerst einen einfachen Webrahmen an.

Dazu brauchst du:

- 1 Stück Pappe DIN-A4
- einen langen Wollfaden
- eine Schere
- eine große Stopfnadel
- Wolle

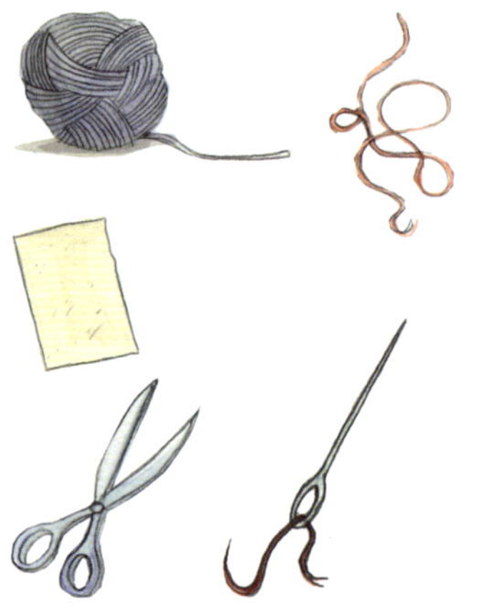

2. So webst du:

1. Schneide die Pappe im Abstand von 1 cm oben und unten ein.
2. Spanne nun Kettfäden von oben nach unten und wieder zurück. Verknote sie miteinander.
3. Nimm die Stopfnadel und fädle einen Faden von deiner Wolle in die Nadel.
4. Nun beginne mit dem Weben. Du musst dazu den Wollfaden von links nach rechts immer abwechselnd über und dann unter einem Kettfaden durchziehen.
5. Am Rand musst du den Wollfaden um den Kettfaden herumziehen. Danach wiederholst du den Webvorgang. (Immer abwechselnd über und unter dem Kettfaden durch bis zum Rand).
6. Schiebe die Wollfäden dicht nach oben zusammen.
7. Wenn du ein Stück Stoff gewebt hast, nimm es vom Webkarton herunter.

Färben mit Naturfarben

Nun musst du die Wolle färben.
Die Frauen der Germanen färbten Wolle meist mit Pflanzensäften. Nach dem Färben musste alles gut ausgewaschen werden. Dabei ging ein Teil der Farbe wieder verloren.

So färbst du:

1. Besorge dir zum Färben weiße Baumwollfäden.
2. So bekommst du Farben:

Lege die Wolle in den Saft der Roten Beete.
Warte einen Tag und wasche dann die Wolle vorsichtig aus.
Lasse sie trocknen.

Du kannst auch den Saft von reifen Himbeeren nehmen!

Pflücke reife Holunderbeeren.
Zerquetsche sie mit einer Gabel in einer Schüssel.
Gib dann etwas Wasser dazu.
Lege die Wolle hinein und warte einen Tag.
Danach kannst du sie auswaschen und trocknen.

Du kannst auch den Saft von Blaubeeren nehmen.

Pflücke eine Handvoll Löwenzahnblätter.
Zerkleinere sie.
Zerstoße danach alles zu einem Brei.
Gib etwas Wasser hinzu.
Lege die Wolle für etwa 10 Minuten hinein.
Wasche sie aus und lasse sie trocknen.

Auf Spurensuche

Spiele Detektiv. Zeige, was du kannst!

1. **Wo im Heft findest du diese Abbildungen? Suche die jeweils richtige Seite. Schreibe die gefundene Seite in die Lupe. Zu welchem Thema gehört sie?**

Thema: ______________________

Thema: ______________________

Thema: ______________________

Thema: ______________________

Thema: ______________________

2. Welche Begriffe fehlen? Ergänze:

„Aus Nilschlamm stelle ich Tonkrüge her. Dafür erhalte ich ______________________."

In der Arena ging es um ____________ und ___________.

In Athen bestimmte das Volk, was gemacht wurde. Das nannte man ______________________.

Die Wettkämpfer gelobten _________________________________.

3. Was fehlt hier? Zeichne es ein!

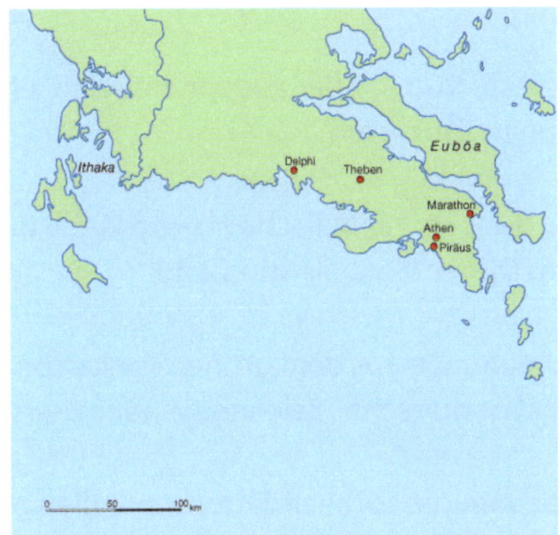

4. Wie heißen diese Gebäude?

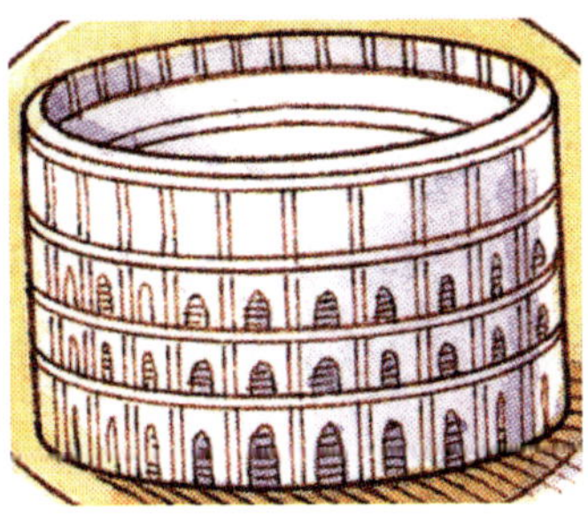

______________________ ______________________ ______________________

5. Wo findest du diese Zeichen? Schreibe die Seitenzahl dahinter. Schreibe ihre Bedeutung darunter!

Hieroglyphe 	Seite: ☐	Römische Zahl VIII	Seite: ☐	Germanische Runen 	Seite: ☐

____________ ____________ ____________

Zu Seite 21 und Seite 28 Dein Lorbeerkranz

Du kannst dir selbst einen Lorbeerkranz anfertigen.

Das brauchst du dazu:

Tonkarton in den Farben braun und grün, eine Schere, Klebstoff und ein Bandmaß.

So arbeitest du:

1. Miss mit einem Bandmaß deinen Kopfumfang. Zähle 2 cm als Klebefläche dazu.
2. Schneide nun mit der errechneten Zahl einen 1 cm breiten Streifen aus dem braunen Tonkarton.
3. Miss die 2 cm Klebefläche ab und klebe den Streifen zu einem Ring zusammen. Dieser dient als Stirnband.
4. Schneide nun aus dem grünen Tonkarton die Lorbeerblätter aus. Eine Vorlage siehst du rechts. Zeichne sie aber zuerst auf!
5. Klebe nun die Lorbeerblätter von außen an dein Stirnband. Das erste Blatt klebst du gerade auf. Dann immer im Wechsel rechts und links davon ein weiteres Blatt.
   Diese Blätter sollen nach außen zeigen, siehe Abbildung.

Zu Seite 11 **Einen Sarkophag basteln – der Boden**

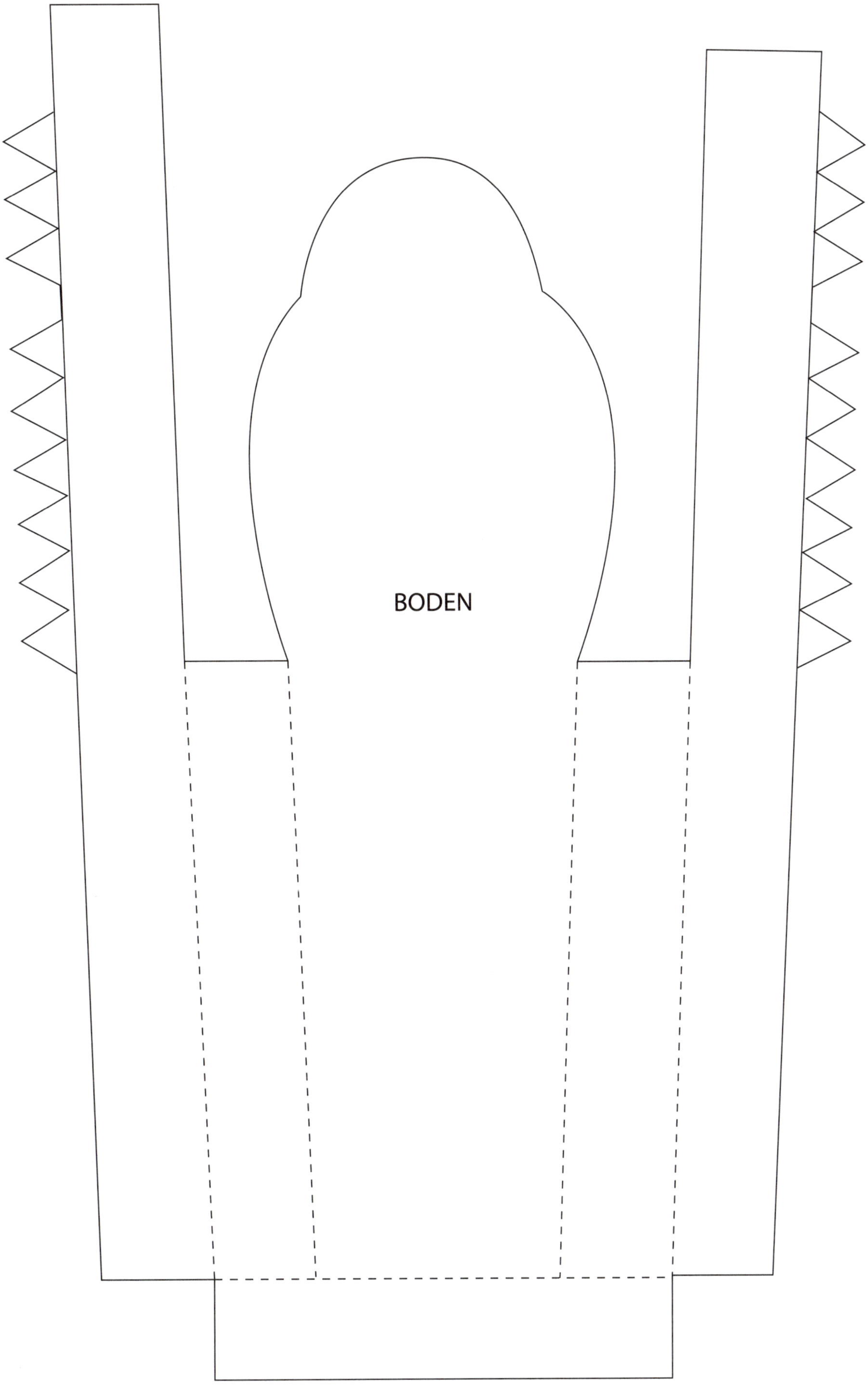

Zu Seite 11 **Einen Sarkophag basteln – der Deckel**

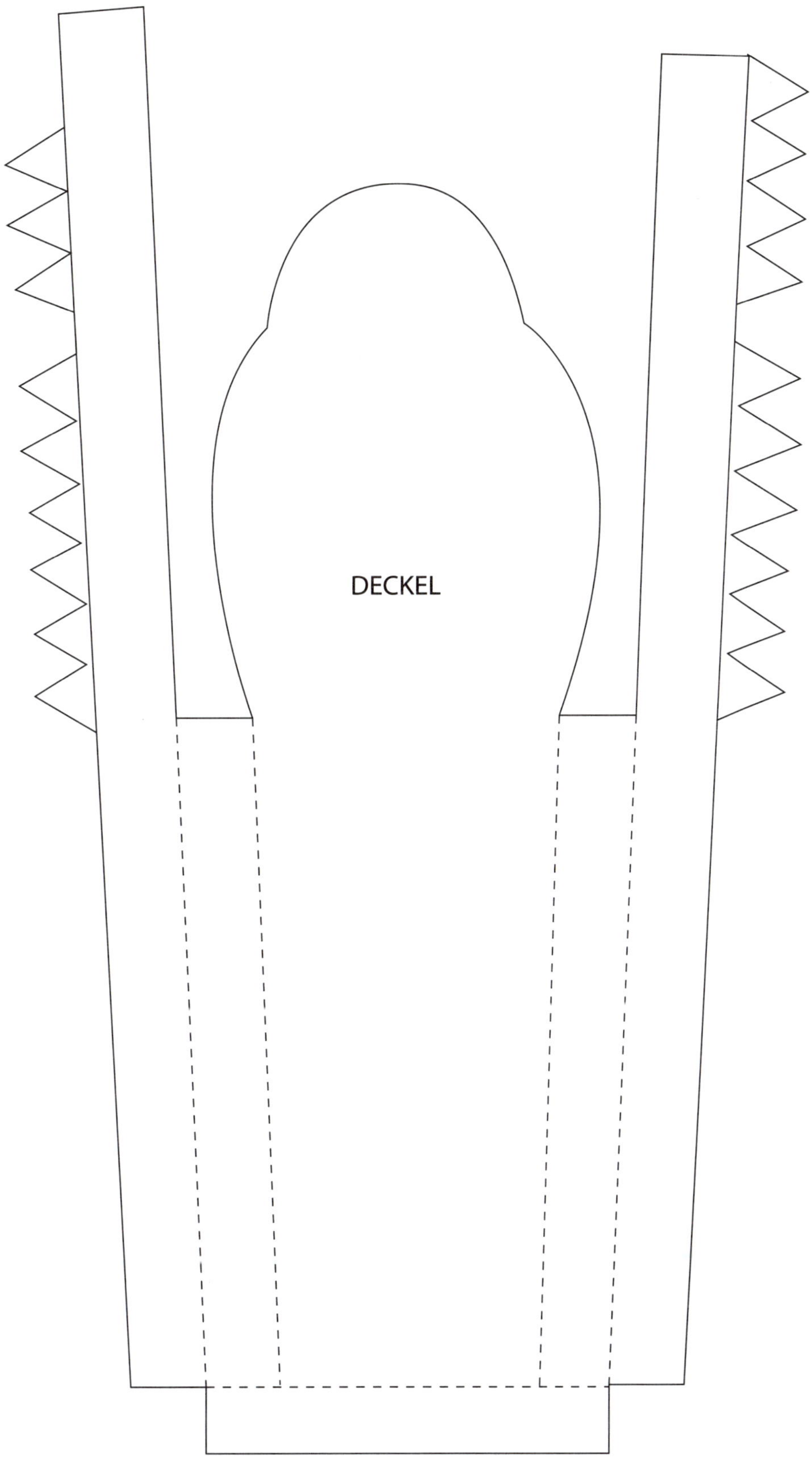

Zu Seite 32 **So wohnten die reichen Römer**

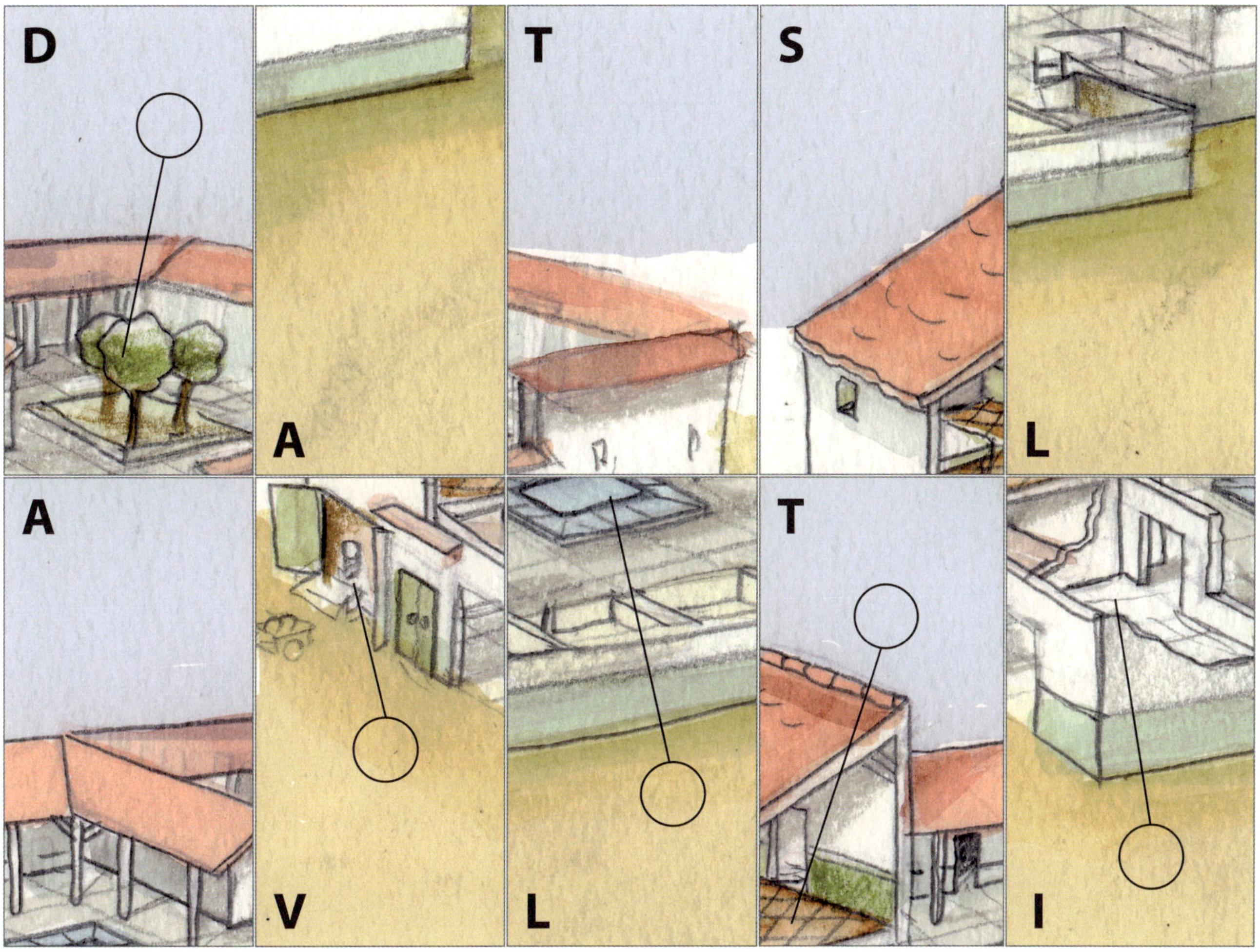

Zu Seite 12 **Herstellen von Papyrus**

Das Papyrus wird mit einem Stein glatt geschliffen.

Die Papyrusstreifen werden über Kreuz auf eine Steinplatte gelegt.

Die Papyrusstreifen werden in Wasser eingeweicht.

Die Papyrusstreifen werden abgedeckt und mit einem Hammer bearbeitet.

Das Papyrusrohr wird geschnitten und die Rinde wird abgeschält. Das Mark des Papyrus wird in Streifen geschnitten.

Zu Seite 40 **So lebten die Germanen**

Zu Seite 6 **Was bin ich?**

Ich bin der Herrscher Ägyptens. Mir gehört das ganze Land und alles, was darauf lebt und wächst.

Mein Beruf als Schreiber ist sehr hoch angesehen, weil nur Wenige lesen und schreiben können.

Aus Nilschlamm stelle ich Tonkrüge her. Dafür erhalte ich Lebensmittel und Kleidung.

Ich bin der Stellvertreter des Pharao und helfe ihm beim Regieren.

Ich bearbeite das Land des Pharao. Bei Überschwemmung helfe ich beim Bau der Pyramiden mit.

Lexikon

Arena	=	Kampfplatz für Veranstaltungen
Aquädukt	=	Steinbrücke mit vielen Rundbögen, über die Wasser transportiert wird
Demokratie	=	Staatsform, bei der die Herrschaft vom Volk ausgeht
Gladiator	=	Kämpfer in der Arena
Hieroglyphen	=	ägyptische Bilderschrift
Kaiserloge	=	ein kleiner Zuschauerraum für den Kaiser, nach einer Seite offen
Limes	=	befestigter Grenzwall
Papyrus	=	eine 1–3 Meter hohe Wasserpflanze
Peloponnes	=	die südliche Halbinsel von Griechenland
Pharao	=	Altägyptischer Königstitel
Pyramide	=	großer Grabbau für Pharaonen
Reet	=	strohähnliche Bedachung
Rune	=	germanisches Schriftzeichen
Sklave	=	ein Mensch, der Eigentum eines anderen ist
Tunika	=	ärmelloses Untergewand der Römer
Via Sacra	=	eine große Straße im alten Rom
Wesir	=	höchster Staatsbeamter im Alten Ägypten